Généalogie

de la Famille

Passerat de La Chapelle

d'après les

Traités nobiliaires spéciaux

et des

Papiers particuliers

Nancy. — Imprimerie Berger-Levrault & Cie

· 1896 ·

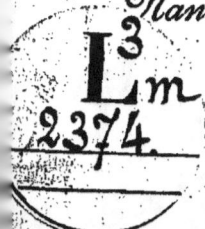

Généalogie

de la Famille

Passerat de La Chapelle

d'après les

Traités nobiliaires spéciaux

et des

Papiers particuliers

Nancy. — Imprimerie Berger-Levrault & Cie

· 1896 ·

AVERTISSEMENT

Cette généalogie a été rédigée par un membre de la famille qui n'a rien négligé pour la rendre aussi complète que possible et pour laisser à sa postérité une preuve, sinon de l'ancienneté de sa race, au moins de son origine.

Il a puisé ses différents renseignements dans La Valbonne, l'Annuaire de la Noblesse de France et autres ; il est heureux de remercier ici les membres de sa famille qui l'ont aidé si aimablement dans son travail en lui procurant certains détails qu'il ignorait. Les papiers de la branche de Lorraine ont enfin terminé ce petit ouvrage.

GÉNÉALOGIE

DE LA FAMILLE

PASSERAT DE LA CHAPELLE

~~~

LES PASSERAT

DE CHATILLON-DE-MICHAILLE

———

Si l'on en croit une vieille tradition, ils seraient origi-
naires de Champagne où ils portaient primitivement le
nom de *Salomonati*, et seraient issus d'une même souche
que Jean Passerat, né à Troyes le 18 octobre 1534, poète
français estimé, l'un des auteurs de la *Satyre Ménippée*[1].

Les recherches n'ont pu cependant constater cette
origine que l'on a tenu néanmoins à signaler.

Leurs armoiries, que les diverses branches brisèrent en
variant les émaux, sont celles rapportées dans l'histoire
du *Parlement de Bourgogne* par M. Sauvage des

———

[1]. Ce célèbre pamphlet politique, moitié en prose, moitié en vers, écrit
à l'exemple des satires du poète Ménippe, est divisé en deux parties : l'une,
sous le titre de *Catholicon d'Espagne*, composée par Leroy, flétrit tous
ceux qui se laissèrent corrompre par l'or de Philippe II; l'autre, dite
Abrégé des États de la Ligue, fut l'ouvrage du conseiller au parlement
Gillot, du savant Pithou et des deux poètes Rapin et Passerat, qui se
plurent à y critiquer ingénieusement les États généraux de 1593. Son but
fut de dévoiler les intentions perfides de la cour d'Espagne contre la
France et l'ambition coupable des Guises.

Marches, fol. 140, *d'azur, à une fasce d'or chargée d'un lion de gueules et accompagnée en pointe de deux vols de passereaux d'or* : nous citerons les modifications qu'elles subirent en relatant les diverses branches de cette maison aussi nombreuse que les *passereaux* des montagnes qui la virent naître.

Benoit Salomonati, *aliàs* Passerat, est mentionné dans une reconnaissance de fief de la cure d'Ardon, ancien diocèse de Genève, du 13 juin 1485.

Philibert et Jean Passerat, frères, fondèrent, le 20 août 1515, dans l'église de cette paroisse, du côté de bise, la Chapelle de Notre-Dame, Saint-Michel et Saint-Roch : la nomination du titulaire à cette chapelle appartenait à la famille, mais devait être soumise à la ratification de l'évêque de Genève et d'Annecy, d'où ressortissait (*Regeste genevois, page 451*) le prieuré d'Ardon, dépendant du décanat d'Aubonne. On conservait dans les archives des Passerat de la Chapelle, à Saint-Jean-le-Vieux, des lettres de saint François de Sales, où le digne prélat, si connu par sa douceur et sa mansuétude, refuse non seulement son assentiment à la nomination d'un prêtre proposé, mais menace textuellement *de le faire pendre s'il se présente à lui pour solliciter l'investiture de sa prébende* : cet autographe précieux a disparu sans qu'on ait pu découvrir l'auteur du vol.

André Passerat, notaire, s'établit à Annecy où il obtint[1], le 17 septembre 1534, des lettres de bourgeoisie qui le qualifient d'*egregius vir, égrége homme.*

---

[1]. Lettres de bourgeoisie à Annecy accordées à *égrége* André Passerat notaire, enregistrées à la Chambre des comptes de Savoie. (*Reg. des lettres de bourgeoisie d'Annecy*, n° 3, C. 47.)

Avant de commencer la filiation suivie, nous devons[1] mentionner l'opinion des auteurs[2] qui disent les Passerat divisés en deux familles distinctes ; nous l'avons nousmême indiquée dans notre *Armorial de Bresse, Bugey, Dombes,* etc., page 496, mais cette singulière coïncidence qu'à l'époque des lettres de noblesse de 1567 (qu'on trouvera plus loin), il existait deux Louis, tous deux fils de Louis, nous permet de croire, quelque évidente qu'elle paraisse au vu des lettres de noblesse et de la permission de colombier[3], données le même jour, qu'il y a eu faute de copiste dans l'un de ces documents. La généalogie en effet s'établit régulièrement depuis :

I. — Pierre Passerat, bourgeois de Châtillon-de-Michaille[4], où il vivait dans les premières années du XVᵉ siècle.

II. — Guillaume Passerat, qualifié fils de Pierre en 1458, qui eut pour enfants :

1° Louis, qui suit ;

2° Messire Thibaud Passerat, *affranchi,* avec ses neveux Rolland, Louis et Jehan Passerat, le 9 mars 1548[5], de l'hommage-lige qu'il devait sur une

---

1. *La Valbonne,* par E. Révérend du Mesnil.

2. V. de Valous, *Essai d'un nobiliaire lyonnais,* p. 47. — Steyert, *Armorial général du Lyonnais,* p. 67.

3. Voir au IIIᵉ degré ci-après, à l'article Passerat.

4. Février 1768, certificat délivré par Claude Girel, prêtre doyen et curé d'Ardon, et archiprêtre dans la Michaille, constatant..... qu'il était de tradition que Jacob Passerat de la Chapelle était descendu de Guillaume, fils de feu *Pierre Passerat,* bourgeois de Châtillon, qui vivait en 1458. (*Archives du château de La Rouge.*)

5. Extrait des registres de la Chambre des comptes de Savoie, signé Pasquieri : signature légalisée par le duc de Choiseul.

pièce de vigne de 8 fossorées au mandement d'Arlod, à Charlotte d'Orléans, duchesse de Nemours,
comtesse de Genevois, « comme tutrice et ayant
la garde noble, gouvernement et administration
des personnes et biens de son très cher et très
amé fils, Jacques de Savoye, duc de Nemours,
comte de Genève et de Genevoys, baron de Fau-
cigny et Beaufort ».

III. — Louis Passerat, dit Billot[1], *hôte de la Croix
Rouge,* à Châtillon de Michaille, présenta requête au duc
de Savoie pour être autorisé « à faire construire et bâtir
un colombier sur ses biens, où bon lui semblera, pour le
soulagement de plusieurs honorables personnes qui jour-
nellement viennent loger, au dit lieu de Chatillon de Michaille, en sa maison ». Il obtint des lettres patentes,
datées de Nantua, le 18 septembre 1567, accordées à
Louis Passerat de Châtillon de Michaille, *Louis* son fils,
Pierre et Bertrand Grenaud, ses gendres, de porter toutes
sortes d'armes offensives et défensives, excepté pistolets
de deux épans et demi, cannes et balestrins, et de construire, édifier dans sa maison et ailleurs sur ses biens, où
bon lui semblera, un colombier, sans point encourir de
peine aucune[2].

Ses enfants furent :

1° Louis, ci-après;

---

1. A cause d'un certain tronc de bois ou *billot,* sur lequel, très vieux,
il avait l'habitude de s'asseoir, au-devant de sa porte, pour respirer l'air
frais du soir.

2. Ces lettres furent entérinées par la royale chambre des comptes de
Turin, le 27 juin 1575, « à charge de financer ès-mains du trésorier général
deçà les monts, au profit de son Altesse, la somme de 60 livres ducales et
de reconnaître ledit Colombier du fief de sa dite Altesse et sous le servis
d'un denier par an ».

2° Rolland, probablement *Louis*-Rolland, dont la descendance sera rapportée après la branche de Saint-Sévérin ;

3° et 4° Deux filles mariées à Pierre et à Bertrand Grenaud ;

5° Jehan, mentionné dans l'acte d'affranchissement de 1548 : sa postérité est rapportée sous le titre des Passerat de Silans.

IV. — Louis Passerat servit avec honneur dans les armées de Savoie : son courage et son dévouement furent récompensés, le 18 septembre 1567 (le même jour que la permission de colombier fut accordée à son père, à son frère *Louis*-Rolland et à ses beaux-frères), par des lettres d'anoblissement dont la teneur suit :

Emmanuel-Philibert par la grâce de Dieu, duc de Savoye, Chablais, Aoust et Genevois, prince et vicaire perpétuel du Saint-Empire romain, marquis en Italie, prince de Piémont, comte de Genève, Bauge, Romans, Nice, Ast, baron de Gex et Crève-Cœur : Sçavoir faisons : que nous désirant mouvoir nos sujets à se porter de plus en plus à la vertu, et se rendre enclins et zélés à notre service, pour les récompenser de ceux qui se trouveront avoir rendu sous quelque cause et prétexte d'honneur, faisant considération aux sens, légalité, probité, expérience et promptitude des services rendus à notre couronne au tems que nos États ont été travaillés et affligés de guerres, par notre cher bien-aimé féal Louis Passerat de Châtillon en Michallie, et ses prédécesseurs, qui aussy aux contradictions qu'ils ont souffert pour la conservation de nos droits en rétablissement et recette de nôtre droit de traverse qu'autres belles qualité et louable vertu d'iceluy ; à ces causes et pour certain de considérable respect à ce nous mouvant, nous avons iceluy Louis Passerat *de Châtillon en Michallie*, sa postérité et descendance de l'un et l'autre sexe en droite ligne, de notre plein gré et grâce certaine science pleine puissante et autorité souveraine, décoré et anobli et par la teneur des présentes anoblissons et décorons du titre d'écuyer et qualité de noblesse, avec les honneurs, prééminences, charges, privilèges, immunités, exemptions et tous autres prérogatives attribuées aux autres nobles de nos païs et obéissance, même du port de toutes sortes d'armes offensives et défensives, comme cannes, balestrins, constructions et édification de colombiers en ses maisons et ailleurs sur les biens, où bon luy semblera et autres marques de dignités de noblesse ; et pour les armes ordinaires à la dite noblesse voulons et entendons que luy et sa postérité en droite ligne ayent et porte icelles timbrées : si mandons à nos chers amis féaux et gens tenant notre chambre des comptes de Savoye, et à tous nos autres officiers tant deçà que delà les mons auquels les présentes parviendront, et auquels la connaissance en appartiendra, de faire jouir le dit Louis Passerat, sa postérité et descendance en droite ligne de l'un et l'autre sexe, desdits honneurs, prééminences, privilèges, exemptions et immunités des autres nobles décorés et anoblis dans l'étendue et pays de notre obéissance, pleinement, paisiblement et sans contredit quelconques, selon la concession, forme et teneur des présentes, sans permettre qu'il y soit autrement contrevenu, après l'espace toutefois de cinquante ans tant seulement, que par dignes considérations, nous lui avons préfigés et préfigeons nonobstant tous us, coutumes, édits et arrêtés à ce contraires auquels dérogeons en tant que besoin, nous avons dérogé et dérogeons par ces présentes : car tel est notre plaisir.

Donné à Nantua, le 18ᵉ jour de septembre 1567. Signé Philibert ; et plus bas, par commandement de son Altesse, en l'absence du grand sceau a été mis cachet. Signé CALUZE [1].

Louis Passerat, *l'anobli,* seigneur de la Lechère, porta pour armoiries : *d'azur, à la fasce d'or chargée d'un lion léopardé de gueules, accompagnée, en pointe, de*

---

1. Une tradition conservée dans la famille prétend que les ducs de Savoie lui ont fait tort en lui donnant des lettres de noblesse, attendu qu'elle remontait beaucoup plus haut. Du reste, après la bataille de Pavie, François Iᵉʳ ayant fait la revision de sa Noblesse, il aurait été constaté que les Passerat avaient déjà été anoblis avant son avènement au trône de France.

deux vols de passereaux d'or ; au chef d'or chargé de trois étoiles de sable.

Il est constant qu'il s'attacha dès lors au duc de Savoie, qu'il se maria dans cette province et que son arrière-petit-fils, Antoine Passerat, y fit souche des Passerat de Saint-Sévérin.

LES PASSERAT DE LA CHAPELLE

DE LA ROUGE

IV. — Louis-Rolland Passerat, fils de Louis dit *Billot,* épousa Jeanne Chabrier ; son testament, qui est du 16 octobre 1587[1], nous apprend qu'il eut six enfants, savoir :

1° Jehan Passerat, décédé en laissant une fille mariée au sieur de Mauvisy : d'où Claudine de Mauvisy ;

2° Jacques Passerat, mort prêtre ;

3° Louis, ci-après ;

4° Loyse, épouse de Claude Gervais dont elle eut postérité ;

5° N....., mariée à Claude Favre ;

6° Françoise Passerat, mariée.

V. — Louis Passerat, bourgeois et *praticien*[2] à Châtillon de Michaille, fut substitué à l'hoirie de son père avec condition que, s'il mourait sans enfants, ses biens reviendraient à Claudine de Mauvisy, fille de Jehan Passerat, l'aîné de la famille. Il acheta l'office de commissaire des tailles des paroisses de Cordon, etc., élection

---

1. Extrait délivré par le notaire Genolin, le 24 septembre 1771.

2. Contrat de mariage de son fils Gabriel, du 14 janvier 1632, ci-après rappelé.

de Belley, et en eut quittance de 400 livres, payées par lui, le dernier mars 1620 [1].

Il se maria avec damoiselle Bernard d'Outriaz de la Combe du Val qui lui donna :

   1° François Passerat, officier au service de Savoie, mort à Chambéry, à l'âge de 105 ans, pensionné du Gouvernement ;

   2° Gabriel qui continue.

VI. — GABRIEL PASSERAT, né à Châtillon de Michaille le 20 avril 1608, servit d'abord dans les troupes de Savoie, et fut blessé d'un coup de feu à la bataille de Lutzen, dans le régiment français d'Orléans-cavalerie. Il rentra dans ses foyers et acheta l'office de maître des postes : il prit le nom DE LA CHAPELLE, suivant l'usage de l'époque, pour se distinguer de ses autres parents, du domaine de Notre-Dame d'Acoud ou de la Chapelle près d'Arlod (encore aux mains des Passerat de Saint-Jean-le-Vieux).

Gabriel fut d'une grande utilité à Châtillon pour le logement et la subsistance des troupes suisses, au service de la France, retournant dans leur pays en 1650, au milieu des troubles de la Fronde, sous le commandement du baron de Wertmuller, et dévastant le pays : il parvint, à force d'adresse et d'intelligence, à les contenir. De concert avec son ami Reydellet d'Izernore, il se signala à diverses reprises à la tête d'une partie des milices du Bugey et repoussa les Comtois, alors sous la domination espagnole, qui faisaient des incursions avant dans la province et mettaient tout à feu et à sang. Les

1. *Nob. de l'Ain,* p. 133.

lettres et les certificats les plus honorables du duc d'Épernon, du comte de Montrevel et du conseiller d'État Sarron attestent l'importance et la continuité de ses services : nous en choisissons une preuve entre les autres parce qu'elle est signée d'un nom bressan :

A Challes, le 20 octobre 1665.

Monsieur de la Chapelle,

Ayant appris que ceste troupe de cavaliers qui passa chez vous, dont vous m'avez donné advis, doivent retourner dans l'estendue de ma charge et comme de tels abus sont préjudiciables au service du Roy et au repos de la province, je vous envoie mes ordres pour les faire arrêter, sy vous estes assez fort pour cela. Sinon vous emprunterez le secours des s^{rs} Reydellet d'Izernore et Morier, à qui j'escris pour cela. J'attends ce soing-là de vous puisque je suis,

Vostre très affectionné à vous servir,

MONTREVEL.

Gabriel Passerat de la Chapelle a laissé un *mémoire* manuscrit sur les moyens de défense militaire qu'offraient alors les montagnes du Bugey.

Il mourut à l'âge de 85 ans ; son testament, qui est du 23 mars 1693[1], où il se qualifie de maître des postes à Châtillon-de-Michaille, et où il élit sa sépulture dans l'église d'Ardon, sa paroisse, contient des legs aux enfants issus de ses nombreux mariages. Il épousa en effet :

En premières noces, le 14 janvier 1632[2], Honneste

---

1. Acte reçu Vanet, notaire, présence de Gaspard Cozon, du lieu d'Ambournay, avocat au Parlement, de Joseph Berthet, conseiller du roy et contrôleur au grenier à sel de Nantua, capitaine-châtelain de la dite ville, etc.

2. Acte reçu Devaux, notaire : présence de François Passerat, frère de l'époux.

Peyronne, fille de Jacques Savoex, notaire royal de Rouvray, et de Lucresse Dubuisson ;

En second mariage, Mlle Champroux, d'Annecy, veuve Bavosy de Longerai, d'où il eut :

1° Claudine Passerat, femme d'Honoré Saurin, mère de :

A) Barthélemy Saurin ;

B) Antoinette Saurin, femme de Georges Revoux, marchand, d'où :

a) Honoré Revoux ;

b) Jean-Claude Revoux ;

c) Anselme Revoux ;

d) Joseph Revoux ;

e) Jean-Gabriel Revoux.

2° Catherine Passerat, femme du Sr Decomte, marchand de Lyon ;

3° Marie Passerat, épouse d'Etienne Cattel, commis au bureau des fermes unies, établi en Champagne.

En troisièmes noces, avec Jeanneton ou Jeanne Courtois ou Cortois, de Jujurieux, d'où :

4° François-Joseph, qui continue la descendance ;

5° Louis Passerat, auteur de la branche des Passerat de Saint-Jean-le-Vieux ;

6° Jeanne Passerat, femme d'Honoré Galatin.

En quatrième mariage avec Alexis Curty ou Curtil de Belley, de laquelle furent issus :

7° Joachim Passerat de la Chapelle, bourgeois de Soleure (Suisse), concierge de l'ambassade suisse, en 1712, père de :

Jacques-Joseph Passerat de la Chapelle, capitaine-lieutenant au régiment suisse de Wirtz, en 1739, au service du roi d'Espagne, pensionné du canton de Soleure;

8° Jacob ou Jacques, tige des Passerat de la Chapelle de Miribel;

9° Michel Passerat de la Chapelle, prêtre.

VII. — François-Joseph Passerat de la Chapelle, l'aîné des enfants de Jeanne Cortois, d'abord commis pour le Roi, au bureau des fermes unies du lieudit de Châtillon, puis receveur des traites foraines et maire de ladite ville, né en 1660 et marié le 7 décembre 1687[1], à damoiselle Anne Courtois de Quincez, fille de feu Claude Gaspard Cortois, bourgeois de Jujurieux, sa cousine germaine, en suite de dispenses obtenues par bulle de S. S. le pape Innocent XI. Il mourut en 1693, avant son père, laissant trois enfants :

1° Honoré, qui suivra;

2° Albert Passerat de la Chapelle, jésuite;

3° Gabriel Passerat de la Chapelle.

VIII. — Honoré Passerat de la Chapelle, né le 18 février 1693, ne fut baptisé que le 14 novembre de l'année suivante : son parrain fut Messire Honoré de la Louse, chevalier de l'Ordre royal de Saint-Louis et commandant pour le service de Sa Majesté au fort de l'Écluse, du côté de Savoie.

Honoré entra au régiment de Vivarais-infanterie, avec le brevet de sous-lieutenant, le 7 mai 1711, fit avec distinction les campagnes de Flandre, assista aux sièges de

---

1. Acte reçu Bussy, notaire à Châtillon-de-la-Hellic. La future était née le 14 mars 1660 : sa mère était Marie Trocu.

Douai et de Bouchain en 1712 et y fut blessé d'un coup de feu. A la paix de 1714, il fut réformé et épousa, le 2 février 1721 [1], Marie-Thérèse de la Live, fille de défunt Jean-Baptiste de la Live, bourgeois de Lyon, et de Marie Vande, et arrière-petite-nièce de la mère de saint François de Sales.

Le 1er mars 1731, il reçut ses provisions à l'office de Prévot de la Maréchaussée du Bugey, poste qu'il ne quitta qu'en 1740 [2], pour la recette du grenier à sel de Montluel et de la Chambre de Pérouges.

Il décéda le 28 décembre 1770, laissant :

1° Antoine-Honoré, dont l'article sera rapporté au IXe degré ;

2° Joachim Passerat de la Chapelle, chanoine régulier de Sainte-Geneviève, puis curé de la Paire, dans la Marche ;

3° Louis-François Passerat de la Chapelle, tige des Passerat de la Chapelle, de Metz ;

4° Christophe Passerat de la Chapelle, né le 2 octobre 1727, curé et prieur de Bressolles, décédé le 10 janvier 1780 ;

5° Pierre-François Passerat de la Chapelle, né le 9 juillet 1734, marié à Élicée de Montigny, d'origine normande, maréchal général des logis,

---

1. Acte reçu Chazotte, notaire à Lyon : présence de Jacques Passerat la Chapelle, oncle paternel, bourgeois du dit Lyon, et de Marie Lambert, aïeule, veuve Gaspard Vande, marchand et maître tireur d'or de Lyon.

2. Quittance reçue Nepple, notaire à Montluel, de la somme de 4,788 livres, payées à Claude Maréchal de Courteville, conseiller secrétaire du Roy, maison couronne de France, époux de Jeanne-Marie-Thérèse de la Live ; au même acte, Claude Maréchal céda, moyennant 212 livres, la rente noble de Bellegarde.

chevalier de Saint-Louis, établi à la Martinique à la case Pilotte. Il s'y distingua pour faits de guerre et est cité dans une *Relation* imprimée à Saint-Georges par Middleton en 1779.

Il a fait branche dans l'île de la Martinique ;

6° Anne-Claudine Passerat de la Chapelle ;

7° Anne-Marie, religieuse de la Visitation de Sainte-Marie à l'Antiquaille de Lyon ;

8° Marie-Gabrielle, religieuse Ursuline à Belley ;

9° Marie-Thérèse-Félicité, religieuse à Seyssel.

IX. — Antoine-Honoré Passerat de la Chapelle, né le 12 juin 1724, entra au régiment de Vivarais en avril 1743 ; il fut successivement enseigne en février 1744, lieutenant la même année, incorporé dans le régiment de Bonac en 1749, commandant d'une compagnie du bataillon de Bourg en Bresse jusqu'en 1750, capitaine commissionné en 1759, capitaine aux grenadiers royaux du régiment de Méhégand à la fin de 1760 et, lors de la paix, aux grenadiers royaux du Comté de Bourgogne, chevalier de Saint-Louis en octobre 1769, major d'infanterie au commencement de 1774, attaché avec sa compagnie, le 1er juillet 1779, au régiment des grenadiers royaux du Lyonnais, et capitaine-major au régiment provincial d'artillerie d'Auxonne en février 1780. Rentré au régiment de Vivarais où il attaqua le château de Montalban, il prit part au siège de Denion, de Coni et à toutes les opérations de guerre en Italie jusqu'à la paix de 1749 ; il fut détaché en 1755 et 1756 sur les frontières du Bugey où il commanda deux compagnies contre les contrebandiers, de là sur les côtes du Languedoc, de Normandie et de Bretagne jusqu'à la paix de 1762.

En récompense de tant de glorieux services, il reçut, le 15 janvier 1767, des lettres royales de provisions de l'office de lieutenant du roy de la ville de Beaune, « avec pouvoirs, en l'absence du gouverneur de la ville, de commander aux habitants ».

Le 18 octobre 1771, il obtint enfin la croix de chevalier dans l'ordre militaire de Saint-Louis, flatteuse distinction qu'il avait depuis longtemps méritée.

Le 23 décembre 1771[1], Marie-Thérèse de la Live, veuve de Honoré Passerat de la Chapelle, sa mère, héritière de toute la fortune de sa sœur, Madame de Courteville, lui fit donation, comme à son fils aîné, de *sa maison de la Rouge*[2] et dépendances, le domaine du même nom, celui appelé Cochet, celui de Janevon, celui de Vermont, celui de Champrenevut, celui de Ballet et celui du Favier avec toutes dépendances, à charge de payer diverses sommes à ses frères et sœurs.

Il obtint des lettres patentes de confirmation de noblesse datées de Paris en 1777[3], par lesquelles le roi Louis XV « déclare l'arrêt du Conseil d'État du 27 mars 1668, rendu en faveur de Philibert et Jacques Passerat, *commun* à Antoine-Honoré Passerat de la Chapelle, chevalier de Saint-Louis, major d'infanterie et lieutenant du Roi à Beaune, à Louis-François Passerat de la Chapelle de Bellegarde et à ses frères, et ordonne qu'ils continueront à jouir, ainsi que leurs descendants, de la no-

---

1. Acte reçu Nepple, notaire royal à Montluel.
2. Le château de la Rouge, près Meximieux, Ain.
3. *Armorial de Bresse, Bugey*, verbo *Passerat*.

blesse et des privilèges y attachés » ; il portait *d'azur, à la fasce d'or chargée d'un lion passant de gueules, accompagnée en pointe de deux vols d'azur.*

Il épousa Catherine Clavière, fille de François Clavière, ancien échevin de Lyon, et de Marie-Louise de Gesse de Poizieux ; il laissa :

1º Françoise-Marie-Thérèse Passerat de la Chapelle, mariée, le 26 vendémiaire an IV, à Denis Bertholon de Pollet, d'où :

A) Denis Bertholon de Pollet, mort jeune ;

B) Anne-Claudine-Gabrielle-Lasténie Bertholon de Pollet, mariée, le 21 juin 1822, à Joseph-Emmanuel-Réné de Blonay ;

C) Jeanne-Catherine-Zelie, femme Vincent de Saint-Bonnet, dont :

a) Marc-François-Denis-Gustave, époux d'Alphonse-Élisabeth, dite Isabelle Maudre de Sugny ; quatre enfants :

1º Octave, mort ;

2º Jeanne, épouse de M. de Veyssière; deux enfants ;

3º Camille ;

4º Isabelle, épouse de M. Canat de Chisy.

b) Virginie-Denise-Marie, femme Antonie Thompson d'Abbadie, membre de l'Institut, sans enfants.

2º Claude-Gabriel, ci-après.

X.—CLAUDE-GABRIEL-HONORÉ PASSERAT DE LA CHAPELLE, propriétaire au château de la Rouge, qui servit, aux mauvais jours de la première Révolution, comme chirurgien aide-major au 8e bataillon de l'Isère, puis comme officier de santé à l'hôpital de Lyon le 17 vendémiaire an III [1]. Il obtint un congé de réforme, revint au château de la Rouge et épousa Claire Daudé, le 29 thermidor an IX [2]; elle lui donna :

1° Marie-Thérèse Passerat de la Chapelle, mariée le 22 janvier 1820 [3], à Pierre-Thomas Baron Rambaud, conseiller à la Cour de Lyon, père de :

A) Louis Rambaud, à la Mignardière (Saint-Martin-de-Boissy) : époux de Mlle Marin ; deux filles ;

B) Sophie, femme Gaspard de Béligny ; morte.

C) Victoire, sœur de Saint-Vincent-de-Paul en Italie ; morte ;

D) Marie, religieuse carmélite.

2° Gabriel-Marie, qui continue ;

3° Marie-David Passerat de la Chapelle, mariée, le 30 janvier 1843 [4], à Jean-Marie-Joseph-Amédée, marquis de Serres de Mesplès, au château de Beauvoir, Capendu (Aude), père de :

A) Gabriel-Marie-Joseph, époux, le 12 novembre 1867, de Marie-Berthe-Valentine Galabert; morts tous deux.

a) Marcel-Olivier de Serres, mort à 1 an ;

b) Marie-Germaine-Jeanne, née le 27 octobre 1869, épousa le marquis d'Auxilhan ;

B) Marie-Claire, femme, le 27 novembre 1866,

---

1. Commission signée Ferroux, représentant du peuple, en mission dans les départements du Rhône, de l'Isère et de l'Ain.

2. Acte reçu Dugueyt, notaire à Lyon.

3. Acte reçu Pré, notaire à Lyon.

4. Acte reçu Casati, notaire à Lyon.

d'Henri-Dieudonné-Marie-Xavier de Pinel de la Taule, père de :

c) Marie-Joséphine Pinel de la Taule, née le 22 janvier 1868;

d) Pierre-Gustave-Amédée-Marie-Xavier, né le 27 décembre 1870.

C) Marie-Louise, célibataire.

XI. — GABRIEL-MARIE, dit ADOLPHE PASSERAT DE LA CHAPELLE, mort en 1876, propriétaire au château de la Rouge, s'est marié, le 16 février 1832 [1], à Jeanne-Louise-Marie de Montherot, morte en 1875, fille de Jean-Baptiste-François-Marie de Montherot, poète et littérateur lyonnais, beau-frère de Lamartine.

Leurs enfants sont :

1° Gabrielle Passerat de la Chapelle, religieuse de la Retraite;

2° Paul-Honoré, dont la filiation termine l'article;

3° Jean-Marie-Henri Passerat de la Chapelle, officier de cavalerie, démissionnaire, propriétaire à Clamerey (Côte-d'Or), qui a épousé, le 22 janvier 1867 [2], Marie-Thérèse Carrelet de Loisy, d'où :

A) Pierre-Marie-Joseph-Ernest, né le 11 décembre 1867; marié à Louise Lynch, d'où une fille;

B) André, élève au *Borda*.

C) Gabriel.

4° Joseph-Ernest Passerat de la Chapelle, capitaine des mobiles de Meximieux pendant le siège de

---

1. Acte reçu Casati, notaire à Lyon.
2. Acte reçu Rouget, notaire à Dijon.

Paris par les Prussiens, puis commandant au
40ᵉ de marche, chevalier de la Légion d'honneur,
maire de Charnoz, aujourd'hui veuf de Marie-
Antoinette de Boissieu, qui lui a laissé :

A) Marie-Joseph-Jean, né le 16 mai 1866, marié à
Marie d'Ivry, d'où deux fils ;

B) Jean-Marie-Henri, né le 2 août 1867 ; religieux
mariste ;

C) Marie-Gabrielle-Emma, née le 28 janvier 1869 ;
épouse d'André de Parceval, capitaine au
134ᵉ régiment d'infanterie.

D) Françoise-Marie-Louise, sœur jumelle de la
précédente, religieuse ;

E) Marguerite-Marie, née le 20 décembre 1870,
religieuse ;

F) Louise-Marie-Thérèse, née le 22 août 1873,
religieuse.

XII. — Paul-Honoré Passerat de la Chapelle, né le
19 juin 1835, mort en 1886, était propriétaire du château
de la Rouge et maire de Pérouge, époux, le 3 mai 1859,
de Françoise-Laure-Marie-Louise de Boissieu, morte en
1890, fille de Claude Roch et de Louis Dugas, d'où :

1° Gabrielle-Marie-Françoise, née le 28 octobre 1860,
morte en 1878 ;

2° Marie-Louise, née le 29 janvier 1862, religieuse ;

3° Jeanne-Louise, née le 16 novembre 1863, religieuse ;

4° Françoise-Marie-Henriette, née le 28 juin 1866,
religieuse ;

5° Joseph-Louis-Marie, né le 14 octobre 1868, qui
forme le XIIIᵉ degré.

XIII. — Joseph-Louis-Marie Passerat de la Chapelle, né le 14 octobre 1868, propriétaire au château de la Rouge, époux, le 19 juillet 1893, d'Hélène Munet, d'où :

    a) Paul-Henri-Marie-Joseph, né le 26 mai 1894;

    b) Marie-Josèphe-Henriette, née le 20 octobre 1895.

LES PASSERAT DE LA CHAPELLE

DE SAINT-JEAN-LE-VIEUX

———

VII. — Louis Passerat, fils de Gabriel et de Jeanne Cortois, receveur des traites foraines à Châtillon-de-Michaille, fut honoré de la confiance du maréchal de Berwick et chargé du commandement de 200 hommes de milice, qui, bordant le haut Rhône, étaient préposés à la défense des passages de Grézin, Lucey, Arlot et Malpertuis, dans les guerres de la France contre la Sardaigne ; il fit même, à cette époque, élargir le lit du fleuve au lieu dit la *Perte du Rhône,* afin d'empêcher, par cet élargissement, l'invasion de l'ennemi en France. La famille conserve sa correspondance de 1709 à 1714 comme un précieux témoignage des services qu'il rendit et de l'estime dont il fut honoré par plusieurs généraux.

Ce fut lui qui fit enregistrer en l'*Armorial général de France,* élection de Bourgogne, Belley, f⁰ 57, n⁰ 54, les curieuses armoiries qui sont indiquées dans le certificat dont la copie suit :

Armoiries des Personnes.

Je, commis à la recette des droits d'enregistrement des armoiries des personnes, ordonné être fait par édit du mois de novembre dernier, reconnais que Mʳ Louis Passerat de la Chapelle, conseiller du Roy, receveur des traites foraines, establi à Châtillon, a ce jourd'hui apporté en ce bureau et présenté ses armes *au fond de gueules à un passereau d'argent*, pour être enregistrées à l'armorial général, et qu'il sera payé, savoir : pour les droits d'enregistrement suivant le tarif; vingt livres, et pour les deux sols pour livre, deux livres, et trente sols pour les frais du blason et autres resglés par l'arrest du conseil du 20 novembre dernier, promettant lui délivrer le brevet dudit enregistrement, en me rapportant le présent récépissé.

Fait à Belley, le 16ᵉ jour du mois d'avril mil six cent quatre vingt dix sept. Signé ARMAND.

Il épousa Denyse Branche, fille de Hugues Branche de Collonges, et mourut à l'âge de 81 ans, laissant, entre autres enfants :

VIII. — CLAUDE-FRANÇOIS PASSERAT DE LA CHAPELLE, né le 17 août 1707, ancien premier médecin de MONSIEUR, frère du roi, et des armées de France, inspecteur des hôpitaux militaires, l'un des chirurgiens les plus renommés du xviiiᵉ siècle [1]. Il obtint des lettres patentes d'anoblissement données à Versailles, en janvier 1769, où sont relatés ses glorieux services ; leur étendue ne nous permet pas de les reproduire : elles ont été publiées *in extenso* dans le *Nobiliaire de l'Ain, Bugey*, p. 291, avec le certificat d'armoiries de d'Hozier de Sérigny qui lui assigna, le 23 février 1769, un écu *d'azur, à une fasce d'or, chargé d'un lion passant de gueules, et accompagné en pointe de deux vols aussi d'or ;* cet écu timbré d'un casque de profil, orné de ses lambrequins *d'azur, d'or et de gueules.*

---

1. La légende rapporte que revenant de Corse et traversant le pays ravagé par Mandrin, Claude-François fut arrêté par des brigands masqués qui le conduisirent près de leur chef fort souffrant d'une blessure reçue dans un dernier combat. Mandrin garda pendant plusieurs jours le célèbre médecin et ne lui rendit la liberté que lorsqu'il se vit hors de danger.

Il acquit par acte de subhastation du 14 mai 1777[1], de Joseph-Gabriel Desbordes, la seigneurie de Mussel, commune d'Arloz, dont il s'intitula seigneur.

Il avait épousé Jeanne Michard et fut père de :

IX. — PIERRE-ANTHELME PASSERAT DE LA CHAPELLE, né le 27 mai 1744, conseiller laïque au parlement de Dijon, le 16 avril 1777[2], époux de Marie-Jacqueline Fardel de Daix, fille de Bénigne, président aux requêtes ; il laissa, à sa mort, arrivée le 10 octobre 1780 :

1° Bénigne-Thelmette Passerat de la Chapelle, épouse de M. Berthauld de Talluyers, ancien officier de l'armée de Condé ;

Leur fille morte le 17 janvier 1896, avait épousé, le 11 septembre 1837, François-César-Ernest de Besson des Blains, avec lequel elle demeurait à Ambronay ;

2° Une autre fille dont nous ignorons la destinée ;

3° Georges, qui suit.

X. — GEORGES PASSERAT DE LA CHAPELLE, né à Châtillon-de-Michaille en 1779, chef d'escadron d'état-major de la garde nationale de Lyon, chevalier de la Légion d'honneur, maire de Châtillon-de-Michaille, puis de Saint-Jean-le-Vieux, membre du conseil général de l'Ain, créé baron de l'Empire par lettre du 14 janvier 1814[3].

Il est mort le 25 juin 1865, laissant un nom vénéré dans son pays, où il se distingua par son dévouement et sa bienfaisance.

---

1. *Nob. de l'Ain,* p. 65.

2. A. SAUVAGE DES MARCHES, *Hist. du Parlement de Bourgogne,* p. 140.

3. Voir, dans *la Galerie militaire de l'Ain,* p. 383, la biographie de cet homme de bien.

LES PASSERAT DE LA CHAPELLE

DE MIRIBEL

VII. — Jacques ou Jacob Passerat de la Chapelle, fils de Gabriel, receveur pour le roi à Châtillon-de-Michaille, et d'Alexis Curtil, naquit le 18 décembre 1669. Successivement maire et châtelain dudit lieu, il s'établit à Lyon, place des Terreaux, où il fonda, le 1er avril 1712, une société en commandite pour la banque avec Joachim de la Chapelle de Soleure et Abraham Yvernois, bourgeois de Neufchâtel.

Il portait pour armoiries *de gueules à une chapelle d'argent, au chef d'or chargé de trois passereaux de sable.*

Il avait pris pour femme, le 2 mars 1706 [1], Claudine Chalançon, fille de Jean et de Marie Nizeret, de Villars, qui lui donna :

1º Anthelme-Joachim, dont l'article suivra ;
2º Louise-Marie Passerat de la Chapelle, mariée, le 7 septembre 1726, avec Nicolas Dafflour, marchand de Lyon, originaire de Suisse.

VIII. — Anthelme-Joachim Passerat de la Chapelle fut baptisé en l'église d'Ardon le 1er décembre 1711 : il

---

1. Acte reçu Mathieu, notaire royal à Villars.

devint conseiller en la cour des monnaiès de Lyon et seigneur de la Chanaz et d'Espagnié.

Sa femme, Benoiste Birouste, qu'il épousa le 27 septembre 1738 [1], était fille de noble Dominique Birouste, échevin de Lyon, et de Marguerite Quinson; elle lui donna trois enfants :

1° Louis-Dominique Passerat de la Chapelle qui continue ;

2° Marguerite Passerat de la Chapelle ;

3° Louis-Honoré Passerat de Belmont, né le 24 août 1742, lieutenant dans les troupes de la colonie de Cayenne, où il épousa la fille du gouverneur, Mlle du Paz de la Marillière ; il eut :

A) Laurent Passerat de Belmont, mort au service ;

B) Thérèse Passerat de Belmont.

IX. — Louis-Dominique Passerat de la Chapelle, né le 20 juillet 1739, écuyer, officier au régiment de la Tour du Pin, seigneur d'Espagnié, marié, le 5 juin 1773 [2], à Marie-Catherine-Charlotte Cuzin, fille de feu Claude, lieutenant particulier et assesseur au bailliage de Beaujolais ; leurs enfants furent :

1° Alexandre, ci-après ;

2° N... Passerat de la Chapelle auteur de la branche de Villars ; branche représentée à Bourg, par Auguste, Marie et Edmond de la Chapelle, tous trois célibataires.

X. — Alexandre-Jacques Passerat de la Chapelle, né à Lyon le 30 août 1776, maire de Miribel, marié, le

---

1. Acte reçu Bourdin, notaire royal à Lyon.

2. Acte reçu Gayet, notaire à Lyon : présence de sa sœur Marguerite.

10 février 1795, à Marie-Catherine Joland de Saint-Maurice en Beaujolais, d'où :

1º Alexandre-Augustin, qui continue ;

2º Charles-Marie Passerat de la Chapelle, décédé à Noirétable le 25 juillet 1821 ;

3º Marie-Catherine, morte le 4 octobre 1800 ;

4º Elisabeth-Antoinette, le 16 septembre 1841 ;

5º Claude-Anthelme, décédé à Chalamont le 20 novembre 1835 ;

6º François-Marie-Stanislas, mort au berceau.

XI. — ALEXANDRE-AUGUSTIN PASSERAT DE LA CHAPELLE, né à Belleville le 9 avril 1799, épousa, le 7 novembre 1832, Marie-Antoinette-Clémentine Gamet de Saint-Germain, de laquelle sont issus :

1º Jacques Passerat de la Chapelle, né le 24 février 1834, époux de Marie d'Arces, en Dauphiné ;

2º Marie-Théodorine, née le 30 mars 1835, femme, en 1856, d'Augustin de Limoges ;

3º Marie-Caroline-Claire, née le 13 mars 1837 ;

4º Marie-Adélaïde, née le 23 avril 1838, épouse, le 8 février 1864, Marc Joland de Saint-Maurice ;

5º Marie-Paul-Emmanuel, né le 26 octobre 1841, mort en août 1842 ;

6º Marie-Octave, née le 16 mai 1846.

LES PASSERAT DE LA CHAPELLE

DE METZ

IX. — Louis-François Passerat de la Chapelle, écuyer, seigneur de Bellegarde, né le 28 février 1726 à Montmorillon, entra dans le corps royal de l'artillerie en 1746, fut décoré de la croix de Saint-Louis en 1761, marié le 18 juillet 1772 à Maizières, avec Marie-Catherine-Victoire Perrin des Almons, fille de Joseph Perrin des Almons, brigadier des armées du Roi, seigneur de Maizières, et de Catherine d'Antessanty; à la défaite de Minden et malgré tous les efforts des généraux de Frédéric II, il sauva l'artillerie par sa bravoure; il fut complimenté par les maréchaux de Broglie et de Soubise, et mourut maréchal de camp en 1796, à Metz, laissant quatre enfants :

1º Marie-Joseph-Honoré, qui suivra ;

2º Antoine-Catherine-Félix Passerat de la Chapelle, né le 14 décembre 1775, volontaire à l'armée de Condé, passé, lors du licenciement, à la Martinique, où il épousa sa cousine germaine, fille de son oncle Pierre de la Chapelle ; il est père de 5 enfants :

A) Louis, né à la Martinique, épouse X. de Bazelaire de Lesseux ;

B) Félix, né en 1832, capitaine de cavalerie en retraite ;

C) Maria, morte jeune ;

D) Antoinette, née en 1830, épouse à Bruxelles Joseph d'Orjo de Marchovelette, et a six enfants :

   a) Joseph, qui épouse sa cousine X. d'Orjo de Beaumont ;

   b) Antoine ;

   c) Léon, capitaine au 2ᵉ Guides, épouse X. Muller ;

   d) Henri, décédé ;

   e) Thérèse, épouse Jules Nollée de Noduwez ;

   f) Marie.

E) Louisa, épouse son cousin Léon de la Chapelle de la Martinique, d'où 3 enfants :

   a) Paul ;

   b) Gaston ;

   c) Piere.

3° Augustin-Anne-Eugène, né le 22 juin 1780, décédé maréchal des logis le 30 messidor de l'an XIII.

4° Joseph-Louis-Aimé, né le 17 novembre 1783 à la Fère, mort comme sergent d'infanterie le 31 janvier 1806, à Vienne.

X. — MARIE-JOSEPH-HONORÉ PASSERAT DE LA CHAPELLE DE BELLEGARDE, né le 25 avril 1773, capitaine d'artillerie et aide de camp de son grand-père Joseph Perrin des Almons à ce moment lieutenant général des armées et inspecteur général de l'artillerie à Metz (fils de Louis-Joseph-Marguerite Perrin, baron des Almons, maître de camp des armées du Roi, chevalier de Saint-Louis, qui épousa Antoinette-Marie-Catherine Levaillant de Guelis de Damery); marié le 11 octobre 1798 à Louise-Pauline de Poutet, décédée le 24 janvier 1861, fille de Henri-Jacques, baron de Poutet, conseiller au parlement de Metz, échevin de ladite ville, guillotiné en 1793, et de Marie-Gabrielle de Marion; mort le 2 novembre 1836.

Il a eu neuf enfants :

1° Marie-Victoire-Isabelle, née le 21 août 1799, décédée le 23 janvier 1861 ;

2° Antoine-Henri-Joseph, qui suivra ;

3° Louise-Alice-Constance, née le 6 juin 1802, décédée le 5 octobre 1807 ;

4° Marie-Anne-Cécile-Angélique, née le 13 août 1803, décédée le 16 juillet 1819 ;

5° Catherine-Eugénie, née le 3 décembre 1805, décédée le 27 mai 1819 ;

6° Louise-Félicité, née le 26 octobre 1808, mariée le 11 janvier 1836 à François-Denis Ferdinand de Mairesse, décédée le 15 novembre 1889. De ce mariage il y eut deux fils :

A) Fernand, mort à 20 ans ;

B) Marie-Théodore, qui épousa, le 9 novembre 1864, Marie-Sophie Amable de Montagnac de Chauvence, d'où :

a) Gaston, mort à 18 ans ;

b) Alix, qui épousa le vicomte de Carné de Carnavalet ;

c) Marguerite, qui épousa Mathieu Desgrand, ingénieur à Suez.

7° Antoinette-Joséphine, née le 1er mars 1810, décédée le 23 août 1811 ;

8° Charles-François-Louis, né le 6 septembre 1812, avocat près la cour royale de Metz, décédé le 3 octobre 1856 à Marseille ;

9° Louis-Honoré-Jules, qui suivra.

XI. — ANTOINE-HENRI-JOSEPH PASSERAT DE LA CHAPELLE DE BELLEGARDE, né le 15 novembre 1805, décédé en février 1883, épousa, le 24 octobre 1831, Delphine de Rouyer, fille de X. de Rouyer de Vigne et de X. de Faultrier, d'où une fille :

    A) Léontine, née en septembre 1840 et mariée en 1879 à Félix du Houx d'Hennecourt, d'où deux enfants :

        a) Maurice, né en 1880 ;

        b) Geneviève, née en 1885.

XII. — LOUIS-HONORÉ-JULES PASSERAT DE LA CHAPELLE DE BELLEGARDE, né le 28 janvier 1816, épouse en août 1860 Anne-Léonie Marin, décédée le 25 mars 1872, remarié le 12 février 1874 à Caroline-Louise de Nonancourt, d'où du premier mariage :

    A) Anne-Marie-Louise, née le 7 août 1862, épouse le 4 février 1892 Pierre Fourrier de Bacourt, capitaine d'infanterie et petit neveu du Bienheureux Pierre Fourrier, d'où :

        a) Pierre, né le 20 novembre 1893.

    B) Louis-Henri-Antoine Passerat de la Chapelle de Bellegarde, né le 27 juillet 1864, propriétaire au vieux château de Maxéville près Nancy, épouse, le 5 avril 1893, Anne-Marie de Lardemelle, d'où :

        a) Guy, né le 31 août 1894 ;

        b) Renée, née le 11 septembre 1895.

C) Jules-Raymond-Amaury Passerat de la Chapelle de Bellegarde, né le 5 juin 1871.

Cette branche eut de nombreuses alliances en Lorraine
et en Champagne; outre celles citées plus haut des
Perrin des Almons, Perrin de Saint-Marcel, Poutet,
Rouyer, Mairesse, etc., elle fut aussi apparentée aux Sain-
tignon, Antessanty, Martinet, Raigecourt, Saint-Maurice,
Boucheporne, Hautecourt, Ballard d'Invilliers, Le Mas-
son, Marion, etc., etc., et enfin aux ducs de Lorraine[1].

1. Cette parenté avec les ducs de Lorraine existe par le fait d'une sœur
de Louise-Pauline de Poutet qui, fort belle, se maria trois fois : 1° avec son
oncle le baron de Poutet; 2° avec le comte de Coloredo et 3°. enfin avec le
prince de Lorraine Lambesc, cousin de l'empereur d'Autriche. Elle passa
presque toute sa vie à la cour de Vienne et y mourut en 1872; de ces trois
mariages elle n'eut qu'une fille, du comte de Coloredo, qui épousa le comte
de Crenneville et dont les deux fils servirent en Autriche : l'un devint feld-
maréchal et l'autre premier chambellan de l'empereur François-Joseph.

AUTRES BRANCHES DE LA FAMILLE

I

LES PASSERAT DE SAINT-SÉVÉRIN

VII. — ANTOINE PASSERAT, maréchal des logis de la compagnie des gentilshommes archers de la garde du corps de S. A. R., reçut, le 4 décembre 1679, de Jeanne-Marie-Baptiste, princesse de Savoie, des lettres patentes portant création à son profit de l'office de contrôleur général des guerres delà les monts.

Il épousa Marie de Guy et eut d'elle :

VIII. — MARC-ANTOINE-FRANÇOIS PASSERAT, qui obtint de « Victor-Amé, *second* duc de Savoie, prince de Piémont, roi de Chypre », des lettres patentes datées du 20 février 1682, pour ériger la seigneurie de Troche et Dovaine en baronnie, située en la province du Chablais, avec pouvoir de dresser fourches patibulaires à quatre piliers pour l'exercice de la justice. Ces lettres sont dites [1] « accordées à notre cher bien amé et féal conseiller d'État et chevalier en notre Chambre des comptes de Savoie, noble Marc-Antoine Passerat, seigneur desdits lieux de Troche et Dovaine, chevalier de la sacrée religion des

---

1. Entérinées le 30 juillet 1682. (Reg. des patentes 54, 1682 à 1686, fo 74.)

saints Maurice et Lazare, commandeur de Saint-Hélaine du Lac ».

Le même baron de Troche, *non encore âgé de vingt ans,* obtint, le 9 juillet de ladite année 1682, des dispenses d'âge[1] pour entrer à la Chambre des comptes de Savoie.

Le 25 juin 1689, Marc-Antoine-François Passerat se maria avec Anne-Louise Roero de Saint-Sévérin, de laquelle vinrent :

1° Marc-Antoine, qui suit ;

2° Victoire-Marie-Jeanne-Baptiste Passerat, baptisée le 15 mars 1690 ;

3° Marie-Françoise, le 8 mai 1691 ;

4° Jeanne-Thérèse, le 18 mai 1692, elle mourut à l'âge de sept semaines ;

5° Jeanne-Gabrielle, le 23 juillet 1694 ;

6° Marie-Anne, née le 10 novembre 1702, mariée le 11 février 1748 à Joseph Ponte, ingénieur de S. M. Catholique ;

7° Claire, baptisée le 12 juillet 1706, morte le 27 septembre 1707.

IX. — Marc-Antoine Passerat-Roero, marquis de Saint-Sévérin, capitaine dans le régiment de Chablais, obtint[2] en vertu d'un fidéicommis apposé au testament de Gaspard Roero de Saint-Sévérin, son grand-père maternel, la succession de la branche de cette illustre famille établie en Savoie, à la charge d'en porter le nom et les armes.

---

1. Enregistrées le 30 juillet 1682. (Reg. patentes 54, f° 75.)
2. Lettre de M. le comte de Foras, auteur du *Nobiliaire de Savoie.*

De ces deux mariages, le premier avec Marie de la Forêt de Saumont, le second avec Anne-Gasparde de la Grange de Taninge, il eut :

1° Anne-Jeanne-Josephte Passerat-Roero, baptisée le 5 février 1730 ;

2° Jeanne-Josephte, née le 30 janvier 1731, femme, le 23 février 1756, de Jacques Maréchal, sieur de Saumont ;

3° Josephte-Marguerite, née le 25 novembre 1736 ;

4° Louis-Joseph-Joachim, qui suit ;

5° André-Joseph, qui se mit au service du duc de Parme, et épousa Anne-Marie de Bondany ;

6° Joseph-Antoine-Marie, né le 13 juin 1741 ;

7° Joseph-Marie-Joachim, né le 12 septembre 1742.

X. — Louis-Joseph-Joachim Passerat-Roero de Saint-Sévérin, marquis de Vérel, baron de Troche, né le 18 mai 1738, servit en qualité de capitaine dans le régiment de Tarentaise et fut marié à Marie-Françoise-Émilie Veuillet de la Saunière, d'Yenne.

Leurs enfants furent :

1° Andréanne-Josephte-Sophie Passerat-Roero de Saint-Sévérin, née le 17 novembre 1779, morte le 23 septembre 1781 ;

2° Hélène-Louise-Angélique-Charlotte, née le 3 avril 1782 ;

3° Charles-Joseph, dont l'article est ci-après ;

4° Césarine-Gabrielle, née le 25 avril 1785 ;

5° Antoine-Hector-Joseph-Marie, né le 25 mai 1788.

XI. — Charles-Joseph Passerat-Roero, marquis de Saint-Sévérin, né le 14 janvier 1784, testa, en 1854, en faveur de son neveu *ex sorore*[1] le marquis Charles-Félix de Trédicini de Buffalora, à la charge de porter le nom et les armes des Passerat-Roero-Saint-Sévérin : ce à quoi il a été autorisé par décret souverain.

---

1. Lettre de M. de Foras du 18 janvier 1874.

LES PASSERAT DE LA BALME
ET DE SILANS

———

Saint-Allais, dans son *Nobiliaire universel de France*,
t. II, avance que les Passerat de Silans sont issus de Louis
de Passerat, *l'anobli* du 18 septembre 1567 ; mais cette
extraction est évidemment erronée. Il suffit, pour s'en
convaincre, de lire la supplique du 22 mars 1666, où il
est dit : « Sur la requête présentée au roy en son conseil
par Philibert Passerat, escuyer, sieur de Bougne, et
Jacques Passerat, escuyer, sieur du Parc, l'un des gardes
du corps de Sa Majesté, contenant que Philibert-Emma-
nuel, duc de Savoye, par ses lettres patentes du dix-huit
septembre mil cinq cent soixante-sept, auroit anobli
Louis Passerat de Châtillon pour récompense de ses services et ceux de ses ancêtres, lesquelles seroient enregistrées en la Chambre des comptes de Savoye, le vingt juin
mil cinq cent soixante-huit et la finance accoutumée par
luy payée et en conséquence Claude Gaspard et Claude
Passerat, aïeul et père des suppliants, ont toujours joui
des privilèges de noblesse, mais à cause que les guerres
survenues entre la France et la Savoye et l'échange du
marquisat de Saluces avec les pays de Bresse, Bugey,
Valromey et Gex, *ont fait perdre à plusieurs familles,
entre autres, à celle des suppliants, leurs papiers et
titres, ledit Claude de Passerat, père des suppliants,*

QUI N'AVOIT NULLE CONNAISSANCE DE L'ANOBLISSEMENT AC-
CORDÉ AU DIT LOUIS SON AYEUL, *fut anobli par Sa Majesté
par ses lettres patentes du mois de janvier mil six cent
cinquante-quatre....* »

Après un pareil aveu, il est facile, jusqu'à preuve du
contraire, de rétablir la vraie filiation depuis :

IV. — JEHAN PASSERAT, que les lettres *d'affranchissement* du 9 mars 1548 mentionnent comme neveu de messire Thibaud Passerat et frère de Loys ; il eut :

    1° Pierre Passerat, châtelain de Châtillon et Mon-
       tange « sieur de la Balme, lieudit en Monville,
       paroisse de Contrévoz », député du Bugey pour
       le tiers-état aux États généraux de 1614.

    A) Jean-Louis Passerat, son fils, châtelain de Mon-
       tange, épousa [1], le 27 octobre 1614, Jeanne-
       Antoine de Montauban de la Forêt des Escha-
       lons, fille de noble Israël et de Jeanne Robin :
       présence de Gaspard de Bognes, son parent
       (*Gaspard Passerat de Bognes, son cousin
       germain*).

       Sa postérité doit toujours exister à Ché-
       gnieu-la-Balme ; nous n'avons pas d'autre
       renseignement.

    2° Louis, qui continue une deuxième branche, celle
       des Silans.

V. — Maître LOUIS PASSERAT, châtelain de Châtillon [2],

---

1. Acte reçu Devaulx, notaire.

2. GUICHENON, *Histoire de Bresse et Bugey*, verbo *Bognes*. — Cet ouvrage ayant été imprimé en 1650, notre historien n'avait point encore connaissance de l'anoblissement, qui n'eut lieu qu'en 1654 : il n'a donc pu
qualifier de *noble* Claude Passerat.

acheta, en 1605, la seigneurie de Bognes de Louis Vignod, seigneur dudit lieu et de Chanay et « pontonnage du Parc pour passer et repasser le Rhosne ». Dans son testament, daté du 26 mai 1619[1], il est mentionné « personne noble Louys Passerat de Châtillon de Michaille ; il institue héritier universel noble Claude-Gaspard Passerat, son cher et bien-aimé fils ».

Il eut deux enfants :

1° Gaspard Passerat de Bognes, pourvu[2], le 14 février 1603, à l'office de contrôleur des aides et tailles en l'élection nouvellement établie à Belley. Il fut au service de France et remplacé par son frère Claude-Gaspard.

2° Claude-Gaspard, qui continue sa descendance.

VI. — Maître CLAUDE-GASPARD PASSERAT, seigneur de Bognes et du Parc, remplaça Gaspard comme contrôleur triennal des tailles en l'élection de Belley le 15 janvier 1617[3], son testament est du 26 mai 1619.

De Jeanne de Montillet, qu'il avait épousée en 1604, vinrent :

1° Claude ci-après ;

2° N... Passerat, mort au service militaire ;

3° Marie-Claude Passerat, épouse de noble Domitien de Bouvent, le 11 août 1624.

4° Marie Passerat, femme de Claude-André Damodey, écuyer, le 28 avril 1634.

VII. — Maître CLAUDE PASSERAT succéda, le 18 no-

---

1. Acte reçu Savarin, notaire à Châtillon.
2. J. BAUX, *Nob. de l'Ain, Bugey,* p. 131.
3. GUICHENON, verbo *Bognes.*

vembre 1625, à son père, Claude-Gaspard, dans l'office de contrôleur élu ancien en l'élection de Belley. Il reprit le fief, le 15 décembre 1650, la seigneurie de Bognes : dans cet acte, il est qualifié de *Conseiller du roi*[1].

Il obtint des lettres *d'anoblissement* en janvier 1654, en vertu de l'édit du roi du mois de novembre 1638, lors de la naissance de Louis XIV, lettres bientôt révoquées, par mesure générale, en vertu de l'édit de septembre 1664.

Marié, en 1634, à Nicole de Tricaud, il fut père de :

1° Jacques Passerat, gardé du corps de Louis XIV : il fit la guerre de Hongrie et gagna des timbales sur les Turcs au combat de Saint-Gothard;

2° Philibert qui suit ;

3° Joseph Passerat, sieur de Résiney, officier d'infanterie en Savoie.

VIII. — PHILIBERT PASSERAT, officier de cavalerie en Savoie, puis gentilhomme au bec-à-corbin[2] dans la compagnie du vicomte de Turenne. Son père, par son testament du dernier mai 1654[3], lui avait légué son office de contrôleur et élu en l'élection de Belley, qu'il résigna le 2 novembre 1671 au profit d'Anthelme Maret : cette circonstance l'avait ramené dans son pays, où il épousa Anne de Mornieu.

---

1. *Nob. de l'Ain*, p. 133.

2. Sous l'ancienne monarchie, il existait certaines armes dont le fer avait une certaine ressemblance avec le bec du corbeau : c'était ou une canne d'armes, ou une hallebarde, ou une pertuisane. Le bec-à-corbin servait à des officiers ou à des gentilshommes préposés à la garde du roi, qui n'en faisaient usage que dans quelques grandes cérémonies : de là est venue la désignation de gentilshommes au bec-à-corbin.

3. Acte reçu Janet, notaire à Ingieu (Injoux) : présence de Jean-Louis Passerat, châtelain de Montange, et de Claude Passerat, son fils.

Il obtint, avec ses frères Jacques Passerat du Parc et
Joseph Passerat de Résiney, arrêt du Conseil d'État, Sa
Majesté y étant, daté à Saint-Germain-en-Laye, le 27 mars
1668, portant que « le Roy a maintenu et maintient les-
dits seigneurs de Passerat en qualité de nobles et écuyers,
et a ordonné et ordonne qu'ils jouiront, ensemble leurs
enfants et postérité, nés et à naître en légitime mariage,
des privilèges accordés aux aultres gentilshommes du
Royaume, tant qu'ils vivront noblement et ne feront acte
de dérogeance... ».

Le 21 janvier 1667, il fit reprise de fief pour la seigneurie de Bognes, la Chapelle et la Craz : l'hommage
fut renouvelé par sa veuve le 28 janvier 1697[1].

Cette même année, Anne de Mornieu fit enregistrer en
l'*Armorial général de France*[2] ses armoiries : *d'azur
à une fasce d'argent chargée d'un lion de gueules et accompagnée en pointe d'un vol d'argent.*

Ses enfants étaient :

1° Melchior Passerat, capitaine de dragons dans le
régiment de Gevaudan ;

2° Jean-Louis, dont l'article est ci-après ;

3° Marie Passerat, femme de Seyssel-Cressieu ;

4° Lucresse Passerat, non mariée ;

5°, 6° et 7° Françoise, Louise et Philiberte Passerat,
toutes trois religieuses.

XI. — JEAN-LOUIS PASSERAT, lieutenant de dragons, fit
avec son frère Melchior, le 20 avril 1710[3], reprise de fief

1. *Nob. de l'Ain, Bugey*, p. 16.
2. *Armorial historique de Bresse, Bugey*, verbo *Passerat*.
3. *Nob. de l'Ain*, p. 17.

pour les seigneuries de Bognes, Greix et Silans. Il épousa, en 1730, Anne de Charron, fille d'un commissaire général de la marine, chevalier de la Cour des Monnaies et eut d'elle :

1° Anthelme Melchior, baron de Silans et de Greix, marié à Mlle Montanier de Vence ;

2° Augustin, ci-après ;

3° Louis Passerat de Silans, mort à Lyon en 1784.

X. — Augustin Passerat, chevalier de Silans, seigneur de Bognes, Cras, le Parc, capitaine des vaisseaux du Roi, chevalier de l'ordre royal et militaire de Saint-Louis, marié, en 1769, à Adèle-Yvonne-Guillemette de Bodéru : leur fils continue.

XI. — Augustin-François Passerat, baron de Silans, né à Seyssel le 28 janvier 1770, fut député de l'Ain sous le premier empire et sous la Restauration. Il se maria en premières noces à Eugénie Levet de Jujurieu et eut d'elle :

1° Augustin-Joseph-Dominique, qui suit ;

2° Charles-Artus Passerat de Silans, né en 1809, marié, en 1839, à Marie-Cécile de Crouzas-Cretet ; d'où :

Émilie, épouse de Paul Bouchet de la Rupelle, magistrat ;

En deuxième mariage, avec Amélie-Eugénie-Carelli ; une fille :

3° Joanna Passerat de Silans, mariée au comte Eugène Costa de Beauregard : d'où une fille mariée au marquis Doncieu de la Bathie.

XII. — Augustin-Joseph-Dominique Passerat, baron de Silans, né en 1807, marié, en 1837, avec Zenaïde Donin de Rosières.

Enfants :

1° Eugénie Passerat de Silans, née le 1ᵉʳ mai 1838 ;

2° Hippolyte, ci-après ;

3° Léonce Passerat de Silans, né le 9 janvier 1851, officier de la marine de l'État.

XIII. — Hippolyte Passerat de Silans, né le 4 mai 1839, capitaine de cavalerie, a épousé Marie Carré de Verneuil : il en a :

Paul-Auguste Passerat de Silans, né le 25 juin 1873.

APPENDICE

———

Pour terminer cette longue généalogie des Passerat, nous dirons que le nom des Passerat de la Chapelle figure aux assemblées de la noblesse du Bugey dès la première réunion du 20 juin 1651, et qu'on trouve[1], parmi les nobles convoqués à Bourg le 23 mars 1789 pour l'élection des députés aux États généraux :

Messire Louis-Dominique Passerat d'Espagnié, ancien officier du régiment de Béarn-Infanterie, domicilié à Miribel, et à Belley le 16 mars 1789 ;

Claude-Marie Passerat du Parc, et Marie-Joseph-Jacquette Fardel, veuve de Pierre-Anthelme Passerat de la Chapelle, en son vivant conseiller au parlement de Bourgogne, dame de Mussel. — On rencontre également à la réunion, tenue à Lyon le 17 mars 1789, un Passerat de Silans.

Enfin, un Louis Passerat, dit la Chapelle, de 60 ans, natif de Lyon, demeurant rue des Marronniers, ci-devant

———

1. L. DE LA ROQUE et E. DE BARTHÉLEMY, *Catalogue des gentilshommes aux assemblées de 1789, Bourgogne, Lyonnais.*

lieutenant d'infanterie, figure dans la *Liste générale*[1] *des contre-révolutionnaires mis à mort à Commune-Affranchie, depuis le 22 vendémiaire jusqu'au 17 germinal an II.*

---

[1]. Imprimée à Commune-Affranchie, chez le citoyen Destefanis, imprimeur aux halles de la Grenette, l'an IIe.

Nancy, imp. Berger-Levrault et Cie.

www.ingramcontent.com/pod-product-compliance
Lightning Source LLC
Chambersburg PA
CBHW072022290326
41934CB00009BA/2165